Das gemütliche Nest

und **6** weitere Kuschelgeschichten

Geschichten von Christine Merz

Illustrationen von Liliane Oser

Inhalt

FSC
www.fsc.org
MIX
Papier aus ver-
antwortungsvollen
Quellen
FSC® C107574

© Carlsen Verlag GmbH, Hamburg 2015 | ISBN: 978-3-551-22131-5
Text © Arena Verlag GmbH, Würzburg 2009
Illustrationen von Liliane Oser | Illustration der Lesemaus: Hildegard Müller
Redaktion: Caroline Fuchs | Umschlagkonzeption: Karin Kröll
Lithografie: ReproTechnik Fromme, Hamburg
Druck und Bindung: BALTO Print, Vilnius | Printed in Lithuania

CARLSEN-Newsletter: Tolle Lesetipps kostenlos per E-Mail!
Unsere Bücher gibt es überall im Buchhandel und auf carlsen.de.

Der Maulwurf und das Blau

Maulwürfe, das müsst ihr wissen, leben unter der Erde. Sie tragen einen kohlrabenschwarzen Samtanzug, auf den sie sehr stolz sind, obwohl ihn ja gar keiner sieht. Sie haben Hände so groß wie Schaufeln. Und ihre winzigen Augen brauchen sie gar nicht, denn es ist stockfinstere Nacht dort unter der Erde. Aber die großen Hände, die brauchen sie! Denn Maulwürfe tun nichts anderes, als den ganzen Tag zu graben und zu schaufeln.

An den vielen Erdhaufen, die sie nach oben werfen, kann man erahnen, wie weit sie herumkommen. Sie graben unterirdische Röhrengänge und fressen alles, was ihnen vor die Nase und die Schaufeln kommt.

Der kleine Maulwurf freut sich besonders über dicke Würmer, denn die sind seine Lieblingsspeise. Davon war der kleine Maulwurf eines Tages ziemlich satt. Das war gut für den Käfer Karl, der dem kleinen Maulwurf direkt vor sein spitzes Maul gekrabbelt war und sich mächtig erschrocken hatte.

Oje, oje!, dachte Käfer Karl, jetzt ist es aus mit mir. Der Maulwurf wird mich fressen! Und sein Käferherz klopfte laut und schnell. Dann aber überlegte er: Wenn ich den Maulwurf ablenke, kann ich vielleicht unbemerkt zurückkrabbeln und das Käferloch hinter mir erreichen! Er krabbelte also ganz vorsichtig ein wenig rückwärts und dabei versuchte er, den kleinen Maulwurf in ein Gespräch zu verwickeln.

Er sagte: »Ich frage mich, ob du, kleiner Maulwurf, eigentlich schon mal an der blauen Luft warst?«

»Was meinst du mit blauer Luft?«, fragte der kleine Maulwurf zurück.

»In den Röhren, die ich grabe, gibt es jede Menge Luft, aber blau ist sie nicht!«

Karl rückte seine sechs Beine unter dem Panzer zurecht und schob sich weiter nach hinten. »Ich rede von der blauen Luft draußen am Licht!«, antwortete er. Der kleine Maulwurf schüttelte den Kopf. »Blaue Luft? Ich kenne warme Luft und kühle Luft. Aber blau ist keine. Das weiß ich genau!«

Karl der Käfer hatte sich schon ein gutes Stück an sein Käferloch herangeschoben. Gleich würde er darin verschwinden und der kleine Maulwurf könnte ihn dann nicht mehr fressen. Da wollte er ihn noch ein wenig ärgern.

»Na ja!«, sagte Karl. »Ihr Maulwürfe grabt immer so vor euch hin. Ein ganzes Leben lang. Wer nur in seinen engen Tunnel schaut, bekommt eben keinen Weitblick! Du solltest deinen Kopf mal aus einem von deinen Erdhaufen strecken, dann verstehst du mich!« Mit diesen Worten verschwand Karl der Käfer blitzschnell im Käferloch.

Der kleine Maulwurf konnte nur staunen. Dann begann er, sich zu ärgern. Nicht etwa, weil ihm Karl entwischt war, sondern über das, was der Käfer gesagt hatte. Dass er keinen Weitblick hätte und erst einmal aus seinem Erdhaufen sehen sollte. Neunmalkluger Käfer! Der kleine Maulwurf dachte nach. Er hätte ja schon gern gewusst, was es mit dieser blauen Luft auf sich hatte.

»Vielleicht sollte ich es doch einmal probieren!«, murmelte er vor sich hin. Und er begann, sich mit seinen großen Schaufeln nach oben zu schaufeln, bis es heller und heller wurde. Dann hatte es der kleine Maulwurf geschafft. Noch ganz außer Atem, streckte er seinen Kopf aus der Spitze des Maulwurf-hügels hinaus.

»Hatschi!« Eine ganz unbekannte Art von frischer Luft fuhr ihm in die Nase. Dabei presste er beide Augen zu. Das Licht hier oben war hell und grell. Es blendete den kleinen Maulwurf. Mit geschlossenen Augen setzte er sich auf den Maulwurfshügel und schnupperte nach rechts und links. Nach einer Weile öffnete er vorsichtig eines seiner beiden Augen ein winziges Stückchen. In diesem Augenblick zog die Sonne am Himmel die Wolkendecke zur Seite und der kleine Maulwurf sah ein Stück vom blauen Himmel. Also das hatte Karl der Käfer gemeint! Abwechselnd linste der Maulwurf nun durch das eine und dann durch das andere Auge. Schließlich robbte er zurück unter die Erde.

»Maulwurfsaugen taugen nicht für die blaue Luft!«, erzählte er seiner Schwester. »Aber es gibt sie. Und sie ist toll. Es lohnt sich schon, ab und zu aus einem Maulwurfshügel zu gucken. Nicht bloß immer vor sich hin graben! Sonst kriegt man keinen Weitblick!«

Als er am Abend müde vom Graben und Schaufeln in seinen Schlafsack kroch, stellte er sich noch einmal die blaue Luft vor, atmete tief ein und war im Nu eingeschlafen.

Wie konnte Karl der Käfer sich retten?

Grille Gigi lernt Loopings

Es war ein wunderschöner Sommerabend. Die kleine Grille Gigi saß mit ihrer Cousine Aga auf der Wiese. Sie ließen sich vom warmen Abendwind die Fühler streicheln und zirpten ihre Lieblingslieder. An einem solchen Abend sollte man nicht streiten. Aber Cousine Aga war sauer. Denn sie hatte es satt, dass die kleine Gigi immer die erste Geige spielte. Alle hatten Gigi gern und fanden, dass sie besonders schön fiedeln konnte. Das fand Aga ungerecht. Sie konnte doch genauso schön fiedeln! Aber das hatte noch nie einer gemerkt und schon gar nicht gesagt. Gemein! Der Ärger saß Aga in allen Gliedern und wollte raus. Und darum fing sie an, Gigi ein wenig zu ärgern.

»Was bist du nur für eine kleine, dünne Grille. Keine Kraft und kein Saft!«, sagte sie spitz, als Gigi gerade zu zirpen anfangen wollte. »Da nützt dir all dein Gefiedel nichts. Es ist, als ob du gar nicht da wärst.«

Gigi sah Aga verwundert an. »Was meinst du?«, fragte sie. »Ich bin doch da!«

»Klar, nur bist du so klein und dünn, dass man dich fast gar nicht sieht! Und weite Sprünge, wie es sich für eine Grille gehört, wirst du nie machen, das steht mal fest!«, sagte Aga.

Gigi sah an sich herunter. Und sie sah, dass Aga Recht hatte. Sie war bestimmt die kleinste und dünnste Grille, die es gab.

»Vielleicht wachse ich ja noch!«, sagte sie tapfer.

Aber Aga verdrehte die Augen. »Kann ich mir nicht vorstellen!«, stichelte sie. »Du wirst klein und dünn bleiben, da bin ich sicher!«

Da wurde Gigi wütend: »Und du bist ein großer Klugschiss!«

Aga kniff die Augen zusammen und trat mit ihrem langen Hinterbein nach Gigi. Die hatte jetzt genug von der streitsüchtigen Aga und machte einen weiten Sprung in die kurzen Halme der gemähten Wiese. Sie hüpfte bis zum Waldrand und kletterte auf die Blüte einer hohen Distel. Dann begann sie, ihr Lieblingslied zu zirpen. Die Sonne ging am roten Abendhimmel unter und Gigi fand langsam wieder zur Ruhe. Aber sie war traurig und fühlte sich klein und mickrig.

Da kam Jojo, ein junger Heuschreck, vorbei. Jojo war eines der ganz großen Heupferde, mit langen Fühlern am Kopf. Als er Gigi hörte, blieb er auf einem Ast sitzen und lauschte. »Wer fiedelt da so schön?«, fragte er sich. »Das möchte ich zu gerne wissen!« Er hüpfte in die Richtung, aus der die Töne kamen.

Gigi bekam von Jojo nichts mit. Sie saß auf ihrer Blüte und fiedelte

traurig vor sich hin. Als der große grüne Kopf von Jojo vor ihr auf-
tauchte, erschrak sie fürchterlich. Der Schreck war so groß, dass sie einen
gewaltigen Hüpfer nach oben machte. Dabei strampelte sie ganz kräftig
in der Luft, weil sie nämlich nicht auf den stacheligen Blättern der Distel
landen wollte. Und so gelang ihr ein Luft-Purzelbaum, der sich sehen
lassen konnte. Verwundert über sich selbst landete sie auf dem Blatt einer
Butterblume. Auch Jojo hatte noch nie so einen tollen Looping gesehen.
Aber wo war sie nun, die kleine Grille? Vorsichtig teilte Jojo einen Gras-
halm vom anderen und entdeckte Gigi schließlich auf der Butterblume.

Er sagte leise: »Guten Abend. Ich bin Jojo. Ich wollte dich nicht
erschrecken. Ich möchte wissen, ob du es warst, die so schön
gefiedelt hat?« Gigi nickte und bekam einen roten
Kopf.

»Spielst du mir noch was vor?«, fragte Jojo.

Aber Gigi wehrte ab. »Ich krieg jetzt keinen Ton raus!«, sagte sie. »Vielleicht später!«

Da hatte Jojo eine Idee. »Dann zeigst du mir vielleicht, wie man so einen tollen Looping hüpft?«

Das gefiel Gigi. Zu zweit hüpften sie über die ganze Wiese. Jojo war mit seinen langen Beinen immer ein großes Stück vor Gigi, aber das machte ihr nichts aus, weil er jedes Mal auf sie wartete.

Dann übten sie Loopings. Gigi gelang es zweimal. Jojo schaffte keinen einzigen. Das kam daher, weil man dafür so klein und dünn sein musste wie Gigi. Die kleine Grille war sehr glücklich. Bestimmt würde sie eines Tages sogar einen doppelten Luft-Purzelbaum schaffen. Mit diesem Gedanken schlief sie auf dem Blatt einer großen Butterblume ein.

worin bist du so gut wie Gigi im Looping-Springen?

Der Hase und der Herbstwind

Es war ein besonders stürmischer Herbst. Schon die letzten Tage war ein frecher Wind über die kahlen Stoppelfelder gesaust, hatte die großen Bäume hin und her gerüttelt und die Blätter hoch aufgewirbelt. Der kleine Hase saß gemütlich in seiner Mulde und spitzte die Ohren. Und da hörte er, wie der Wind lachte und vor sich hin sagte: »Was ist es doch für ein Spaß, zu blasen und zu heulen, zu pfeifen und zu sausen! Nur schade, dass es keinen gibt, der mit mir saust! Was wäre das für ein Vergnügen!«

Der kleine Hase sprang mit einem Satz aus seiner Mulde, machte Männchen, so dass man ihn weithin sehen konnte, und rief laut: »He, Wind! Hier ist einer, der mit dir saust!«

Der kleine Wind kam angebraust und drehte eine Runde um den kleinen Hasen, dass diesem die Ohren nur so um den Kopf schlugen. Dabei lachte er.

»Du willst mit mir über das Feld sausen? Du bist doch viel zu langsam, als dass du mit mir mithalten könntest.«

Der kleine Hase ärgerte sich. Er zählte zu den besten Läufern im Feld. Deshalb streckte er seine Nase aufrecht in den Wind und sagte: »Das wirst du schon sehen. Lass es uns ausprobieren!«

Der kleine Wind lachte laut und pustete dem kleinen Hasen eine Ladung Luft ins Gesicht. »Du willst also mit deinen vier Füßen gegen mich antreten?«, fragte er.

»Na klar!«, rief der kleine Hase. »Ich hab ja nicht mehr!«

»Also los!«, heulte der Wind. »Wir fangen an der Scheune an. Aber wie weit soll es gehen?«

»Dann durch den Wald zur Kleewiese, und wer als Erster am Kohlfeld ankommt, hat gewonnen!«, schlug der kleine Hase vor. Der Wind war einverstanden.

Zusammen gingen sie zum Startplatz. Je näher sie kamen, umso langsamer ging der kleine Hase. Auf dem Weg war ihm klar geworden, dass er gegen den frechen Wind gar nicht gewinnen konnte. Einer mit vier Füßen auf der Erde kann niemals schneller sein als einer, der durch die Luft saust. Als sie bei der Scheune ankamen, wollte er dem frechen Wind sagen, dass er das Hasenmaul zu voll genommen hatte und keine Lust mehr hatte auf den Wettlauf, weil er ja sowieso nicht gewinnen würde. Aber der Wind war voller Aufregung. Er freute sich so sehr, dass er jemanden gefunden hatte, der mit ihm um die Wette lief. Da wollte ihn der kleine Hase nicht enttäuschen. Also setzte er sich in Startposition und zählte: »Auf die Plätze, fertig, los!«

Und dann rannten der kleine Hase und der freche Wind los. Der kleine Hase lief, als ob es um sein Leben ginge. Erst durch den Wald, dann zur Kleewiese und schließlich war er am Kohlfeld.

Dort saß der freche Wind schon auf einem Stein und wartete. Er strahlte über seine vollen Backen. Dann sagte er: »Du bist ein ziemlich schneller Hase, ich hatte noch nicht mit dir gerechnet!«

Da bekam der kleine Hase eine rote Nase vor Stolz.

»Es hat Spaß gemacht, mal mit jemandem um die Wette zu laufen!«, erklärte der freche Wind. »Mit mir traut sich das sonst keiner!«

»Na ja«, gab der kleine Hase zu, »man hat ja eigentlich auch keine Chance. Wer ist schon so schnell wie der Wind?«

»Läufst du trotzdem noch mal mit mir?«, bettelte der Wind.

Der kleine Hase schüttelte den Kopf. »Nee!«, sagte er. »Aber ich weiß etwas anderes. Wir spielen Verstecken. Ich versteck mich zwischen den Kohlköpfen und du musst mich suchen!«

Das gefiel dem Wind und er hielt sich sofort die Augen zu. Der kleine Hase kroch in eine tiefe Mulde zwischen den Kohlköpfen und wartete. Der Wind zählte bis 20, dann begann er zu suchen.

Er fegte viermal kreuz und quer über das Kohlfeld, dann erst entdeckte er den kleinen Hasen. Danach versteckte sich der Wind. Weil er aber nicht still sitzen konnte, fand ihn der kleine Hase ziemlich schnell hinter dem Holunderbusch, dessen Blätter auffällig hin und her wedelten.

Der kleine Hase und der freche Wind spielten den ganzen Tag Verstecken und hatten einen Riesenspaß. Am Abend waren beide müde wie noch nie, aber es war ein herrlicher Tag gewesen! Und für den nächsten Tag haben sie sich gleich wieder verabredet.

Wieso läuft der Hase mit dem Wind, auch wenn er weiß, dass er langsamer ist?

Das gemütliche Nest

Die kleine Zaunkönigin saß auf dem Zweig des blühenden Apfelbaumes und sah sich um. Sie wusste, dass es Zeit war, mit dem Nestbau anzufangen. Denn bald würde sie einen Platz haben müssen, an dem sie die Eier ausbrüten würde und an dem die kleinen Zaunkönige zur Welt kommen konnten. Aber die kleine Zaunkönigin konnte sich nicht entscheiden. Es war ihr erstes Nest und sie wollte, dass es das schönste und wunderbarste werden würde. Alle sollten sehen, wie sie ihre kleinen Zaunkönige fütterte und wie sie ihnen das Fliegen beibrachte.

Ach! Wie würden sie alle bewundern. Ein herrliches Leben würde das sein. Aber erst musste sie nun das Nest bauen. Die kleine Zaunkönigin blickte hinauf auf die große Tanne. Dort oben, auf der äußersten Spitze, da wäre sicher ein guter Platz. Die kleine Zaunkönigin flog hinauf und überprüfte, ob sie auf dem Ast so hoch oben wohl ihr schönes Nest bauen könnte. In diesem Moment kam die Kohlmeise vorbei. Auch sie war am Nestbauen und hielt Ausschau nach Zweigen und Halmen.

Die kleine Zaunkönigin sagte schüchtern: »Hallo! Darf ich dich was fragen?«

»Na klar!«, sagte die Kohlmeise freundlich.

»Ich suche einen guten Platz für mein Nest!«, sagte die kleine Zaunkönigin. »Meinst du, hier oben ist es gut?«

»Um Himmels willen!«, antwortete die Meise. »Bist du verrückt? Da kann es ja jedermann sehen.«

»Na klar!«, sagte die kleine Zaunkönigin. »Ich freu mich doch so auf meine Kinder und bin stolz auf sie!«

»Verstehe ich!«, antwortete die Meise. »Aber wenn die Elster dein Nest und deine Jungen sieht, wird sie sie mir nix, dir nix auffressen!« Die kleine Zaunkönigin erschrak bei diesem Gedanken ganz schrecklich.

»Oh nein!«, sagte sie. »Was kann ich da tun?«

»Du musst dein Nest irgendwo verstecken!«, sagte die Meise. »Ich brüte dieses Jahr im Briefkasten von einem verlassenen Haus. Das ist klasse! Es kommt nie Post und der Briefschlitz ist ganz schmal, da passt keine Elster durch!«

Mit diesen Worten flog die Meise davon.

Die kleine Zaunkönigin blieb nachdenklich auf dem Zweig sitzen und schaute auf den Garten unter sich. Wenn es so war, brauchte sie vor allem einen sicheren Platz, den die Elstern nicht finden würden. Das war viel wichtiger, als sich bewundern zu lassen. Aber wo sollte das sein? Die kleine Zaunkönigin schwang sich von der hohen Tanne hinunter zum Holunderbusch und traf dort die Amselfrau, die gerade einen dicken Halm in ein halb fertiges Nest steckte.

»Ist das dein Nest?«, fragte die kleine Zaunkönigin vorsichtig.

Die Amsel, die von Natur aus etwas zerstreut war, antwortete unfreundlich: »Ja, ich denke. Obwohl, gestern war ich eigentlich schon damit fertig. Überhaupt sah es da ganz anders aus. Wahrscheinlich ist das hier ein anderes Nest. Wir Amseln nehmen das nicht so genau. Wir bauen mal hier, mal da. Wenn es dann so weit ist, wird schon irgendein Nest fertig sein!«

Die kleine Zaunkönigin war verwirrt. Sie wollte nur ein Nest bauen. Und das sollte schön und gemütlich, weich und kuschelig sein. Sie wollte sich alle Mühe geben, auch wenn es keiner bewundern würde. Und sicher musste es natürlich auch sein. Ihre Vogelkinder sollten freundlich von der Welt begrüßt werden. Die kleine Zaunkönigin hüpfte auf den Rasen unter dem Holunderbusch und hinüber zum Gartenzaun. Dort suchte sie die niedere Mauer nach einer Spalte ab. Schließlich fiel ihr Blick auf die dichte Hecke daneben. Auf halber Höhe war ein kleines Schlupfloch.

Die kleine Zaunkönigin sah hinein und entdeckte einen prima Platz,

gerade groß genug für ein Zaunkönignest. Und sie war sich sicher: Das war ihr Platz für ihr erstes Nest. Und so begann sie, aus kleinen Zweigen ein stabiles Gerüst zu bauen. Viele Male flog sie hin und her. Dann zupfte sie aus dem Rasen so viel Moos, bis das kleine Nest ganz damit ausgekleidet war. Schließlich fand sie auch noch ein Büschel Haare. Das stammte von Fips, dem Nachbarshund, der samstags sein Fell gebürstet bekam. Die kleine Zaunkönigin erkannte sofort, dass das Haarknäuel von Fips ein wunderbares Polster war. Sie legte es auf das Moos, und als sie sich darauf setzte, wusste sie: Ihr erstes Nest war das schönste, sicherste, weichste und kuscheligste der Welt. Und weil das so war, blieb die kleine Zaunkönigin gleich darauf sitzen. Sie verbrachte ihre erste Nacht im selbstgebauten Nest und schlief tief und fest bis zum nächsten Morgen.

Wo kuschelst du am liebsten?

Kleiner Igel unterwegs

Der kleine Igel konnte kaum erwarten, bis die Sonne untergegangen war und die Abenddämmerung einsetzte. Dann konnte er nach draußen und auf eigene Faust den Park erkunden. Allerdings durfte er nur bis zur großen Spielwiese. Das war mit Mama Igel so abgemacht. »Die große Wiese ist für Igel gefährlich!«, hatte sie ihm eingebläut. »Da gibt es Spaziergänger und Hunde!«

Er war über die große Spielwiese gelaufen und kein Hund hatte nach ihm gebellt. Der kleine Igel war sehr stolz auf sich. Nun wollte er sich die Gegend näher ansehen. Er drehte sich um und staunte. Vor ihm lag ein kleiner See, der sanft im Abendlicht glänzte. Die großen Bäume spiegelten sich auf seiner glatten Wasserfläche und am flachen Ufer wuchs Schilfgras. Das sah zauberhaft aus. Der kleine Igel ging näher ans Ufer. Da entdeckte er eine Libellenlarve, die im Wasser schwamm. Der kleine Igel hatte so ein

großes Insekt noch nie gesehen. Er ahnte, dass die Larve ein besonderer Leckerbissen für ihn sein könnte. Und weil er heute so besonders neugierig und mutig war, wagte er sich näher und näher an das Wasser heran. Schritt für Schritt ging er vorsichtig über die glitschigen Kiesel. Da passierte es! Er rutschte auf einem nassen Stein aus und patschte mit den Vorderfüßen bis zur Nase in den See. Der kleine Igel zappelte und ruderte so lange, bis er unter den Vorderpfoten wieder feste Steine fühlte.

Nach diesem Schrecken musste er sich erst einmal erholen. In diesem Augenblick kam auf dem Weg ein Spaziergänger mit einem kleinen Hund vorbei. Der kleine Igel drückte sich, so gut es ging, unter ein großes Farnblatt, rollte sich zu einer Kugel zusammen und wartete mit Herzklopfen, was passieren würde. Wie wild bellte der Hund und zerrte an der Leine. Aber sein Herrchen zog ihn weiter und so konnte er den kleinen Igel nicht aufstöbern. Der hatte auch genug Abenteuer für heute! So schnell er es mit seinen kurzen Beinen schaffte, rannte er über die Spielwiese nach Hause. Dort kuschelte er sich in sein Igelnest und schlief sofort ein.

Der Fuchs und die Muffins

Es war Frühsommer. Der kleine Fuchs war nicht mehr ganz klein und besorgte sich sein Futter mittlerweile selbst. Abends, wenn die Dämmerung einsetzte, zog er los, immer der Fuchsnase nach. Wenn er etwas gefunden hatte, schlang er es schnell hinunter, vergaß richtig zu kauen, und manchmal verschluckte er sich sogar vor lauter Gier.

Mama Fuchs schimpfte mit ihm: »Friss langsam! Es ist nicht gesund, das Essen so herunterzuschlingen!« Aber die Worte der Mutter kümmerten den kleinen Fuchs wenig. An diesem Abend suchte er zuerst im Wald und später auf der Wiese nach Mäusen oder anderem Kleingetier. Er schnupperte an Mauselöchern und grub mit der Tatze die Erde auf. Doch heute hatte der kleine Fuchs wenig Glück. Hungrig schlich er hinüber zum Hühnerstall von Bauer Borst. Aber es war kein Huhn mehr im Hof. Sie saßen schon schläfrig auf der Stange im Stall. Schade, dass der Bauer so einen guten Zaun um seinen Hühnerhof gezogen hat, dachte der kleine Fuchs. In diesem Augenblick stieg dem kleinen Fuchs ein unbekannter Geruch in die Nase. Er schnupperte. Was war das? Von den Hühnern kam es gewiss nicht. Neben dem Hühnerhof war das Wohnhaus. Dorthin lockte der Geruch den kleinen Fuchs. Er ging leise um das Haus, bis er zu einer Kellertreppe kam. Hier war der Duft am stärksten. Der kleine Fuchs hatte ein bisschen Angst, aber es roch so gut, dass er es wagte, die Treppe hinunterzusteigen. Auf dem untersten Treppenabsatz stand ein rundes Gefäß mit einem Deckel. Das musste es sein!

Der kleine Fuchs stupste den Deckel mit der Nase an, die Schüssel kippte um und der Deckel fiel scheppernd auf den Steinboden. Der kleine Fuchs bekam einen furchtbaren Schreck. Als alles still blieb, betrachtete er, was da vor ihm auf den Steinboden gekullert war. Es waren frisch gebackene Muffins, mit kleinen Schokoladenstückchen, warm und rund und lecker duftend. Der kleine Fuchs schnupperte vorsichtig und biss dann beherzt zu. Es schmeckte großartig! Einen nach dem anderen schlang der kleine hungrige Fuchs die Muffins hinunter. Er hörte erst auf, als er alle elf Stück gefressen hatte. Auf dem Heimweg bemerkte er ein Zwicken im Magen. Was war das? Es rumorte in seinem Bauch herum, zwickte und zwackte

und irgendwie war ihm, als hätte er gerade nasse Tannenzapfen ver-
schluckt. Der kleine Fuchs legte sich in seine Schlafmulde und jammerte
ein bisschen. Als die Fuchsmutter wissen wollte, was ihm fehle, erzählte
er ihr, wie er die elf Muffins mit wenigen Happen aufgefressen hatte. Die
Fuchsmutter sagte nichts. Sie legte dem kleinen Fuchs eine warme Wärm-
flasche auf den Zwickbauch und kochte ihm einen Fencheltee. Als das
Bauchweh weniger wurde, sagte der kleine Fuchs zu seiner Mutter: »So
was Leckeres habe ich noch nie gegessen. Aber das nächste Mal muss
ich die runden Dinger besser kauen, das kann ich dir sagen!« Mit diesen
Worten war er eingeschlafen.

Wieso hatte der Fuchs
Bauchschmerzen?

Das Wolkennetz

Die Spinnenkinder in der Spinnenschule hatten fleißig geübt. Denn heute sollte die erste Spinnenprüfung stattfinden. Jedes Spinnenkind sollte zeigen, was es gelernt hatte und ob sie es schafften, ein eigenes Netz zu spinnen. Ein schönes, aber auch praktisches Netz sollte es sein, mit dem man eine Mücke würde fangen können.

Die kleine Spinne saß an ihrem Platz und träumte. Sie träumte für ihr Leben gern. Als sie hörte, dass sie ein Netz spinnen sollte, lächelte sie. Sie würde sich ein wunderschönes Netz weben – da war sie sicher.

Dann ging es auch schon los. Die Spinnenlehrerin ging mit der Klasse in den Garten vor dem Haus und verteilte die Plätze. Hoffentlich bekomme ich nicht die wackelige Sonnenblume, dachte die kleine Spinne. Und sie hatte Glück. Sie sollte ihr Netz am Gartenzaun bauen. Das war leicht und die kleine Spinne begann, vorsichtig und wie sie es gelernt hatte, den Faden am Zaun zu befestigen. Sie spann fünf weitere Fäden und dann noch einen Querfaden. Die kleine Spinne krabbelte auf den obersten

Faden und betrachtete ihr Werk: Das halbe Spinnennetz sah aus wie eine Hängematte. »Toll«, sagte die kleine Spinne. »Da muss ich mich gleich mal reinlegen!« Und sie legte sich in ihre Spinnennetz-Hängematte und schaukelte sanft hin und her und betrachtete dabei den blauen Himmel. Dort gingen gerade ein paar weiße Schäfchenwolken spazieren.

»Wie schön!«, seufzte die kleine Spinne und träumte sich hinauf auf die Himmelswiese. Die großen und kleinen Himmelsschafe kamen im Traum angelaufen und freuten sich über den Besuch. Sie staunten über die acht Beine der kleinen Spinne und wollten wissen, wie sie das mit dem Spinnennetz machte. »Ich zeig es euch gern«, sagte die kleine Spinne. »Aber ich brauche etwas, woran ich den Faden festzurren kann!«

Da bauten die Himmelsschafe aus dicken bauschigen Wolkenkissen einen halbhohen Turm. Und daneben noch mal einen. Die kleine Spinne setzte sich darauf und spann einen langen Faden von einem Wolkenturm zum anderen und wieder zurück. Sie sauste rundherum, hin und her, kreuz und quer und spann das kunstvollste Netz, das man sich vorstellen kann. Die Himmelsschafe standen darum herum und staunten.

Zum Schluss klatschten sie lange Applaus. Da war die kleine Spinne sehr stolz. Genau in diesem Augenblick wurde sie in der Hängematte aus ihren Träumen gerissen. Die Lehrerin stand mit der ganzen Spinnenklasse vor dem Netz der kleinen Spinne. So etwas hatten sie noch nicht gesehen. Ihre Netze waren alle rund oder achteckig – das der kleinen Spinne sah aus wie ein Schiffchen und hatte gerade mal sieben Fäden. Die Lehrerin zwickte die kleine Spinne freundlich in eins ihrer Spinnenbeine und sagte: »Wir wollen dein Netz anschauen, kleine Spinne. Bist du denn damit schon

fertig?« Die kleine Spinne, die noch den Applaus der Himmelsschafe im Ohr hatte, nickte. »Ein hübsches Netz!«, erwiderte die Lehrerin. »Nur wirst du damit keine Fliege fangen können!«

»Das macht mir nichts!«, sagte die kleine Spinne. »Es ist zum Träumen und zum Schaukeln da! Zum Fliegenfangen baue ich mir ein anderes!« Das gefiel der Lehrerin. Die anderen Spinnenkinder wollten die Spinnennetz-Hängematte unbedingt auch einmal ausprobieren. Da legte sich eines nach dem anderen hinein und ließ sich hin- und herschaukeln. Der Tag war fast vorbei, als die kleine Spinne wieder an die Reihe kam. Sie kuschelte sich in ihr Schaukelnetz und der Abend-wind wiegte sie sanft in den Schlaf.

Die erste Multimediabibliothek für Kinder

Hören

Durchblick

Spielen